LES

POLONAIS

DISPERSÉS

EN EUROPE.

PINARD, IMPRIMEUR DU COMITE POLONAIS,

RUE D'ANJOU-DAUPHINE, N° 8, A PARIS

USTAWY

KOMITETU NARÓDOWĘGO

POLSKIEGO

STATUTS

DU COMITÉ NATIONAL

POLONAIS

Po upadku na czas niejaki sprawy rewolucyí narodowej podniesionej w. dniu 29 listopada 1830 roku, Polacy przymuszeni zostali opuścić ziemię ojczystą. Niektórzy z tych co najpierwej zdążyli przybydź do Paryża, założyli dnia 6 listopada 1831 r. Komitet narodowy polski TYMCZASOWY składający się z prezesa Bonawentury Niemojowskiego, i Joachima Lelewela, Teodora Morawskiego, Franciszka Wołowskiego, Kantorberego Tymowskiego, członków tegoż Komitetu.

Za przybyciem większej liczby Polaków do Paryża, gdy prezes tymczasowego Komitetu po zwołaniu ich złożył prezesostwo, i gdy przez to Komitet tymczasowy się rozwiązał, zgromadzenie ogólne zebrane d. 8 grudnia w miejscu posiedzeń Komitetu tymczasowego, ułożyło nową organizacyą Komitetu narodowego polskiego STAŁEGO; na sessyach zaś następnych wybrało dziewięciu z pomiędzy siebie członków i uchwaliło ustawy niżej wskazane.

La cause de la révolution nationale du 29 novembre 1830 ayant momentanément succombé, et les Polonais se trouvant forcés de s'expatrier, quelques uns arrivant des premiers à Paris, ont formé, le 6 novembre 1831, un Comité national polonais PROVISOIRE, composé du président Bonaventure Niemoïowski, et de Joachim Lelewel, Théodore Morawski, François Wolowski, Cantorbéri Tymowski, membres de ce Comité.

Après l'arrivée du plus grand nombre des Polonais à Paris, lorsque le président temporaire, après les avoir convoqués déposa sa présidence, et lorsque en conséquence, le Comité provisoire s'est dissous, la Réunion générale, assemblée le 8 décembre dans le lieu des séances du Comité provisoire, fit une nouvelle organisation du Comité national - polonais PERMANENT. Dans ses séances ultérieures elle a choisi neuf membres et sanctionné les statuts suivans.

bratnią ku sobie. Krwią francuzów i polską te same skropiły się pola; widziało ich razem skwarne niebo Haity, widziały ich razem grobowe gmachy władzców dawnych Egyptu, ich krwią zmieszaną zrumieniły się wody Borystenu i Tagu. Przez lat dwadzieścia, bo od 1795 do 1815, Dwakroć sto tysięcy Polaków legło pod sztandarami Francyi, a krew ich zapłaciła za prawo obywatelstwa drugich.

Nie dosyć na tém; Francya kruszy liliowe berło, wstrząsa tron gotycką wzniesiony budową, tron nie mogący świetnieć dla ludu któremu przyświecało światło jutrzeńki wolności. Podwójne jarzmo despotyzmu i przesądów zdruzgotano.

Ale północny pan, kiedy sam tocząc krew z ludu swojego świat przekonywał : że przy nim majestat, jemu od Boga oddana władza, ostrzył miecz na ukaranie ludu, który zdarł maskę obłudzie i wydarte odzyskał prawa.

Za ostrze tego miecza schwycili Polacy: schwycili, a szczerba na niém ręką rozpaczy wygnieciona zbezsilniła zamach północnego olbrzyma.

Jak lew ujęty w matnią, przez dziesięć miesięcy, odpychał lud nieszczęśliwy ciosy codzień mnożącego się wroga, i gdyby nie błędy, upór, ciemnota i zdrada niektórych z przewodników jego, u nóg zwyciężkiego Sarmaty, jużby dzisiaj czółgał się jego ciemiężyciel; a Polak, w tej chwili błąkający się, w tej chwili

sang français et le sang polonais arrosèrent les mêmes champs; ils se confondirent sous le ciel des tropiques et au pied des Pyramides. L'un et l'autre teignirent les eaux du Borysthène et du Tage, et la vie de deux cent mille Polonais morts sous les drapeaux de la France, de 1795 à 1815, a largement payé leur droit de naturalisation en France.

Mais ce n'était pas assez. La France brise un sceptre de lis, détruit un trône gothique, qui tombe vermoulu sous la pique de la liberté, et le despotisme et les préjugés sont sapés jusque dans leurs fondemens.

Mais l'autocrate du Nord, au moment où il versait le sang des peuples soumis à son sceptre, et voulait faire croire à l'univers qu'il était l'envoyé de Dieu, qu'il était l'arbitre du Destin, aiguisait son glaive afin de punir un peuple qui arracha le masque à l'hypocrisie, et qui revendiqua ses droits méconnus.

Les Polonais ont saisi le tranchant de ce glaive, et la brèche que leur main y a faite, affaiblit le coup du géant.

Comme un lion pris dans des filets, ce peuple infortuné repoussa pendant dix mois les forces toujours renaissantes de son puissant envahisseur; et si ce peuple n'avait eu à combattre encore, soit les fautes, soit l'obstination, soit l'obscurantisme, soit la trahison, de quelques-uns de ses chefs, l'envahisseur

wygnaniec, swoje gościnne progi otworzyłby ludom uciśnionym.

Stało się! dziś my żądamy przytułku; a chcąc choć w najdalszym zakątku świata żywić się wspomnieniem ojczyzny i wiarą w jej zmartwychwstanie, łączymy się na gościnnej Franków ziemi, sądząc, że do tego nabyliśmy prawa.

Zważywszy zatém że

Francya za Ludwika XIV dała pomoc Polakom przeciw najazdowi Cara Piotra I^{go} utrzymującego sprawę Augusta II przeciw Stanisławowi Leszczyńskiemu; że

za Ludwika XV wspierała Konfederacyą Barską przeciw srogościom Moskali w Polszcze w ówczas rozkazujących: że

Konwencya narodowa czcząc Polskę w osobie Kościuszki nadała mu w dniu 26 sierpnia 1792, prawo obywatelstwa; że

dnia 30 grudnia 1792 r. została uczyniona protestacya solenna przeciw spiskowi Targowickiemu i wywróceniu Konstytucyi 3 maja, przed tąż Konwencyą narodową; że

se serait déjà traîné aux pieds d'un Sarmate victo-
torieux. Et le Polonais, errant en ce moment, et
émigré, aurait déjà ouvert sa porte hospitalière aux
peuples opprimés.

C'en est fait! Aujourd'hui c'est nous qui cherchons
cette même hospitalité, voulant, sur quelque point
du globe que le sort nous jette, garder pieusement
les souvenirs de la patrie, et nourrir une foi permise
dans sa résurrection : nous nous sommes donné ici
rendez-vous, sur le sol de la France hospitalière,
persuadés que nous en avons acquis le droit.

Considérant donc que la France, sous le règne de
Louis XIV, secourait les Polonais contre l'envahis-
sement du Tzar Pierre Ier, protégeant la cause d'Au-
guste II contre le roi Stanislas Leszczynski;

Que, sous Louis XV, cette même France soute-
nait la confédération de Bar contre les atrocités mos-
kovites;

Que la Convention nationale, honorant la Pologne
tout entière dans la personne de Kosciuszko, lui ac-
corda, dans sa séance du 26 août 1792, le droit de
citoyen français;

Que dans la journée du 30 décembre 1792, pro-
testation solennelle a été faite et agréée par la Convention nationale contre le complot liberticide des
Targoviciens, et contre l'abolition de la constitution
du 3 mai 1791;

Francya żadnym aktem niezatwierdziła nigdy trzech rozbiorów Polski; że

w roku 1795 po upadku Polski utworzony *Komitet narodowy polski* w Paryżu pod prezydencyą Franciszka Barssa pełnomocnika polskiego przebywającego we Francyi od czasu sejmu Konstytucyinego i wczasie walki o niepodległość pod Kościuszką, był pod szczególną opieką rządu ówczasowego, dyrektoryatu francuzkiego; że

pod szczególniejszą opieką tegoż Dyrektoryatu w r. 1796 tworzyły się legiony polskie, z początku posiłkowe rzeczypospolitej Lombardzkiej, a później utrzymywane na koszcie samejże rzeczypospolitej Francuzkiej; że

prawo z d. 22 Fructidor r. VII za konsulostwa Bonapartego upoważniło tworzenie legionow polskich naddunajskich, przy armii Reńskiej pod Moreau; że

Legiony polskie działały dla Francyi w San-Domingo i we Włoszoch w r. 1805 powtórnie; i że stosunki najściślejsze istniały za cesarstwa francuzkiego aż do roku 1815; że

Książe Józef Poniatowski naczelnik wojsk polskich, został mianowany marszałkiem państwa francuzkiego, choć nie był tego obywatelem; że

gdy rewolucya lipcowa działała bezpośrednio na wybuch rewolucyi 29 listopada a walka ztąd pow-

Que la France n'a jamais confirmé, par aucun acte, les trois partages de la Pologne;

Qu'en 1795, à l'époque de l'anéantissement de la République de Pologne, *le Comité national polonais,* formé à Paris sous la présidence de François Barss, envoyé de Pologne lors de la diète constituante et lors de la guerre de l'indépendance nationale sous Kosciuszko, a été placé sous la protection particulière du gouvernement, alors le Directoire français;

Qu'en 1796, sous la protection immédiate de ce même Directoire, ont été formées les Légions polonaises, auxiliaires d'abord de la République lombarde, et, plus tard, à la solde de la République française elle-même;

Que la loi du 22 fructidor an VII, promulguée sous le consulat de Bonaparte, avait autorisé la formation des Légions polonaises du Danube à l'armée du Rhin, commandée par le général Moreau;

Que les Légions polonaises combattirent pour la France même à Saint-Domingue, et plus tard encore, en 1805, en Italie, et que les relations les plus intimes n'ont cessé d'exister entre la Pologne et l'empire français jusqu'en 1815;

Que le prince Joseph Poniatowski, généralissime des armées polonaises, fut nommé maréchal de France, quoiqu'il ne fût pas légalement naturalisé;

Que comme la révolution de juillet a réagi dernièrement sur celle du 29 novembre, et que les com-

stała ochroniła Francyą od nieuchronnej wojny koalicyi despotyzmu ; że

Król Francuzów, LUDWIK-FILIP przy otwarciu Jzb 23 lipca 1831 r. uroczyście zapewnił POLSZCZE TĘ NARODOWOŚĆ KTÓRA SIĘ OPARŁA CZASOWI I RÓŻNYM JLGO KOLEJOM ; że

Jzby w Adressie odpowiadającym na mowę królewską potwierdziły i wzięły pod gwarancyą honoru francuzkiego, ZAPEWNIENIE ŻE TAŻ NARODOWOŚĆ NIE ZGINIE;

Z tych zatém powodów, z tych dostojnych i uroczystych przyrzeczeń; opierając się na wyżej wspomnionych wzajemnych między obu narodami stosunkach; Polacy w Paryżu zgromadzeni za zniesieniem się z komitetcm centralnym francuzko-polskim, prezydowanym przez generała Lafayetta a pracującym od początku walki polskiej dla sprawy Polaków, czując obowiązki służenia bez przerwy sprawie narodowej, postanowili założyć komitet narodowy stały, według ustaw poniżej ułożonych :

bats à mort qui en sont résultés ont couvert la France contre les guerres de coalition du despotisme;

Que le roi des Français, Louis-Philippe Ier, dans son discours du trône, prononcé à l'ouverture des Chambres, le 23 juillet 1831, a solennellement *assuré à la Pologne cette nationalité qui a résisté au temps et à ses vicissitudes;*

Que ces mêmes Chambres, dans leurs adresses en réponse au discours du Roi, ont confirmé et pris sous la sauvegarde de l'honneur français *une assurance que cette nationalité polonaise ne périrait pas;*

En conséquence de ces considérations, de ces augustes et solennelles promesses, et en s'appuyant sur des sympathies mutuelles, les Polonais réunis à Paris, après s'être abouchés avec le Comité central français, présidé par l'illustre Lafayette; de ce Comité qui, depuis le commencement de la lutte polonaise, travaille si généreusement pour cette noble cause, comprenant le devoir de la servir sans interruption, ont résolu de former un Comité national polonais permanent sur les bases suivantes :

Organizacya

OGÓLNYCH ZGROMADZEŃ

CZŁONKOW KOMITETU NARODOWEGO.

————

§ I. Każdy Polak który miał udział w rewolucyjném powstaniu narodowém i służył ojczyznie bądź w szeregach, bądź na urzędzie, bądź innym sposobem, jest członkiem zebrania Polaków skoro się znajdzie w Paryżu i ma wolą i chęć przystąpienia do tego zebrania.

§ II. Każdy członek ogólnego zebrania jest elektorem komitetu i do wszelkich czynności właściwych tegoż zgromadzenia, ma prawo należyć.

§ III. Każdy Polak może zostać członkiem ogólnego zebrania z prawem wyboru komitetu, jeśli wprowadzony zostanie przez członków już znanych i przyjęty bez zarzutu udowodnionego.

§ IV. Mogą bydź, skoro zechcą, członkami ogólnego zebrania ci cudzoziemcy, którzy walczyli w sprawie rewolucyjnego powstania polskiego; a ci którzy innym sposobem zyskali prawo do wdzięczności i szacunku ziomków, mogą bydź wprowadzeni i przyjęci.

Organisation

DES

RÉUNIONS GÉNÉRALES

ET DU CHOIX

DES MEMBRES DU COMITÉ NATIONAL.

ARTICLE PREMIER. Tout Polonais qui a participé à la révolution nationale de Pologne, à son service militaire et civil, ou de toute autre manière, est membre de la réunion générale dès qu'il se trouve à Paris, et qu'il témoigne le désir d'en faire partie.

ART. II. Chaque membre de la réunion générale est électeur du Comité, et a le droit de participer à tous les travaux relatifs à cette réunion.

ART. III. Tout Polonais peut être membre de la réunion générale et jouir des droits qui s'y rattachent, aussitôt qu'il sera présenté par des membres déjà connus, et dès qu'il est libre de toute objection fondée.

ART. IV. Peuvent être membres de la réunion générale, lorsqu'ils le veulent, tous ceux d'entre les étrangers qui ont combattu les armes à la main dans la guerre de la révolution nationale de Pologne. Quant à ceux-là des étrangers qui ont rendu un service quelconque de toute autre manière, ils pourront être introduits à cette même réunion.

7

§ V. Zarzuty przeciwko członkóm dyskutowane będą na ogólnych zebraniach i rozstrzygane głosowaniem.

§ VI. Ogólne zgromadzenie członków przypada dwa razy na miesiąc, każdego dnia 15 i 29.

§ VII. Zgromadzenie zamienia się w posiedzenie na żądanie dziesięciu członków. Natenczas obiera się Marszałek posiedzenia większością na kazdy raz. Ten mianuje assessorów i sekretarza. Również dziesięciu mogą żądać nadzwyczajnego posiedzenia, w przypadku naglącej okoliczności. Z tegoż powodu może także zwołać Prezes komitetu nadzwyczajne zgromadzenie.

§ VIII. Komplet, stanowi połowa członków zapisanych w liście, więcej jeden.

§ IX. Komplet obiera prezesa i członków komitetu, któremu porucza żeby czuwał nad losem Polaków wypartych z Ojczyzny, i nad interesem narodowym, kontroluje tegoż działania, powołuje komitet do zdania sprawy z czynności, ma prawo uchwalać i zatwierdzać sposób postępowania komitetu.

§ X. Prezes komitetu obiera się jawnémi wotami, i oddzielnie większością absolutną bez oznaczenia kandydatów. Tym samym sposobem obierają się członkowie komitetu.

§ XI. Komitet składać się będzie z dziewięciu osób. Komplet najmniejszy komitetu stanowi pięciu.

Art. V. Les objections qui pourront être faites aux membres de la réunion seront discutées dans cette même réunion et décidées à la pluralité des voix.

Art. VI. La réunion générale a lieu le 15 et le 29 de chaque mois.

Art. VII. La réunion change en séance, lorsque dix membres en témoignent le désir. Alors on choisit le maréchal (président), pour cette seule séance, et à la majorité des voix. Le président nomme les assesseurs et le secrétaire. En cas extraordinaire, dix membres peuvent demander la convocation de la réunion générale, et, dans le même cas, le président du Comité peut aussi convoquer tous les membres à une pareille réunion extraordinaire.

Art. VIII. Le complet consiste en la moitié des membres inscrits sur la liste, plus un.

Art. IX. Le complet choisit le président et les membres du comité; il lui confie le soin de veiller sur le sort des Polonais expulsés de leur patrie et sur l'intérêt national ; il contrôle ses actions; il invite le Comité à lui rendre compte de ses travaux, et il a le droit de confirmer la conduite du Comité.

Art. X. Le président du Comité est choisi à haute voix et à la majorité absolue, sans choix préalable des candidats. Le même mode d'élection est adopté pour les membres du Comité.

Art. XI. Le Comité national polonais se composera de neuf membres, mais le complet ne peut être moindre de cinq membres.

§ XII. Komitet przepisze sobie organizacyą, tryb postępowania i zasady wszelkich działań swoich które podda pod rozwagę i zatwierdzenie większości ziomków na najpierwszém posiedzeniu przypadającém po wyborze komitetu.

Na sessyi ogólnego zebrania przyjęto powyższy projekt w Paryżu dnia 8 grudnia 1831. roku.

Walenty ZWIERKOWSKI, Marszałek zebrania ogólnego. — Joachim LELEWEL, assessor. — Antoni PRZECISZEWSKI, assessor. — Maurycy MOCHNACKI, sekretarz

Organizacya

KOMITETU NARODOWEGO.

STAŁEGO.

Cel Komitetu.

§ I. Komitet narodowy polski, ma czuwać nad interesem narodowym i nad losem wypartych z oj-

Aʀт. XII. Le Comité national en prescrira lui-même son organisation, le mode de son action et les bases de tous ses travaux ultérieurs, et les soumettra à la discussion et à la confirmation de la majorité de ses compatriotes, à la première réunion qui suivra celle dans laquelle ont été élus les membres du Comité.

Fait à Paris , en séance de la réunion générale des Polonais , ce 8 décembre 1831.

Vᴀʟᴇɴᴛɪɴ ZWIERKOWSKI, Marechal de la réunion générale. — Jᴏᴀcʜɪɴ LELEWEL , assesseur. — Aɴᴛᴏɪɴᴇ PRZECISZEWSKI , assesseur. — Mᴀᴜʀɪcᴇ MOCHNACKI , secretaire.

Organisation

DU COMITÉ NATIONAL

PERMANENT.

LE BUT DU COMITÉ.

Aʀᴛɪcʟᴇ ᴘʀᴇᴍɪᴇʀ. Le Comité national polonais doit veiller sur l'intérêt national et sur le sort des Polo-

czyzny Polaków; przemawiać w ich imieniu; znosić się z członkami władz narodowych; z komitetami dla sprawy polskiej zawiązanemi tak swojego narodu, jako też i innych; nakoniec z ziomkami swoimi.

Skład Komitetu.

§ II. Komitet składa się z prezesa i ośmiu członków wybranych przez zgromadzonych w Paryżu Polaków, mających prawo należenia do Ogólnego Zgromadzenia.

§ III. Prezes przewodniczy obradom. W razie niebytności jego, komitet obiera jawnemi głosami przewodniczącego na raz jeden.

Urzędowanie Członków Komitetu.

§ IV. Prezes i członkowie komitetu trwają w urzędowaniu swojem dopóki większość Ogólnego Zgromadzenia nie uzna potrzeby zmiany jednego, kilku lub wszystkich członków.

§ V. Zgromadzenie Ogólne, na którém ta większość względem zmiany członków komitetu decydować ma, składać się powinno najmniej z ośmdziesiąt jeden członków.

Urządzenia Ogólne.

§ VI. W przypadku równości zdań, prezydujący rozwiązuje kwestyą.

§ VII. Decyzye komitetu mają bydź podpisywane

nais expulsés de leur patrie ; parler en leur nom, se mettre en rapport avec les membres des autorités nationales ; entretenir des relations avec les comités en faveur de la cause polonaise, composés tant de nationaux que d'étrangers ; correspondre enfin avec ses compatriotes, quelque part qu'ils se trouvent.

COMPOSITION DU COMITÉ.

Art. II. Le Comité est composé d'un président et de huit membres choisis par et parmi les Polonais réunis à Paris et ayant droit aux réunions générales.

Art. III. En cas d'absence du président, le Comité choisit à haute voix celui qui doit présider la séance tenante.

FONCTIONS DES MEMBRES DU COMITÉ.

Art. IV. Le président et les membres du Comité durent jusqu'à ce que la majorité de la réunion générale trouve nécessaire de changer, un, plusieurs ou tous les membres du Comité.

Art. V. La réunion générale où la majorité doit décider sur le changement des membres du Comité, doit être composée de quatre-vingt-un membres au moins.

RÉGLEMENS GÉNÉRAUX.

Art. VI. En cas de parité de voix, le président a une voix décisive.

Art. VII. Les décisions du Comité national doi-

10

przez obecnych na posiedzeniu członków; wszelkie zaś akta publicznie ogłaszane, wszyscy członkowie podpisywać powinni.

§ VIII. Komitet większością głosów wybiera Sekretarza i Podskarbiego komitetu.

§ IX. Sekretarz trzyma pióro na posiedzeniach komitetu; do niego należy utrzymywanie wszelkich papierów tak komitetu jako też i ogólnego zgromadzenia. Ma głos doradczy.

§ X. Wszelkie wyciągi komitetu podpisują prezes i sekretarz.

§ XI. Podskarbi jest obecny na posiedzeniach komitetu i ma głos doradczy w przedmiotach ekonomicznych.

§ XII. Podskarbi wydatkuje za upoważnieniem komitetu, z czego rachunek zdawać jest obowiązany. O funduszach jakie zkąd inąd bezpośrednio na jego ręce przychodzą zawiadamia komitet.

§ XIII. Kassa zostaje pod kluczem podwójnym prezesa i podskarbiego.

§ XIV. Komitet ma prawo wezwać do pomocy swojej każdego Polaka należącego do ogólnego zgromadzenia.

Artykuł osóbny. Każdy Polak przybywający do Paryża, jeżeli chce należyć do ogólnego zgromadzenia, winien jest tak ustawy ogólnego zgromadzenia jako też i komitetu własnoręcznie podpisać.

vent être signées par les membres présens aux séances ; mais tous les actes publics doivent être signés par tous les membres sans exception.

Art. VIII. Le Comité choisit son secrétaire et son trésorier à la majorité des voix.

Art. IX. Le secrétaire tient la plume durant les séances du Comité ; il est gardien de tous les papiers du Comité et de ceux des réunions générales ; il a une voix consultative.

Art. X. Tous les extraits faits des papiers du Comité doivent être signés par le président et le secrétaire.

Art. XI. Le trésorier, en assistant aux séances du Comité, a une voix consultative dans les objets économiques.

Art. XII. Le trésorier fait une dépense d'après l'autorisation du Comité, et lui en rend compte. Il est tenu d'informer exactement le Comité de tous les fonds qui peuvent lui être adressés.

Art. XIII. La caisse se trouve sous les clefs du président et du trésorier du Comité.

Art. XIV. Le Comité a le droit d'inviter à faire partager ses travaux à tout Polonais ayant droit d'appartenir aux réunions générales.

Article unique. Tout Polonais arrivant à Paris, s'il a l'intention de faire partie des réunions générales, est tenu de signer de sa propre main les Statuts des réunions générales et ceux du Comité.

Działo się w Paryżu, na ogólném zgromadzeniu dnia 15 grudnia 1831 roku.

Walenty ZWIERKOWSKI, Marszałek zgromadzenia ogólnego — Ludwik ZAMBRZYCKI, assessor. — Włodzimierz KORMANSKI, assessor, — Karol-Edward WODZIŃSKI, sekretarz.

PREZES KOMITETU STAŁEGO,

Joachim LELEWEL,
poseł powiatu żeléchowskiego.

CZŁONKOWIE KOMITETU,

Walenty ZWIERKOWSKI,
deputowany warszawski, major gwardyi narodowej konnej i krakusów, sekretarz sejmu.

Leonard CHODŹKO,
grenadyer gwardyi narodowej polskiej, kapitan-adjutant generała Lafayetta.

Roman SOŁTYK,
poseł powiatu konieckiego, jenerał brygady w artylleryi polskiej.

Tadeusz KRĘPOWIECKI,
porucznik artylleryi konnej polskiej.

Antoni PRZECISZEWSKI,
podpołkownik jazdy poznańskiej pułku ułanow, poseł powiatu rosienskiego.

Karol KRAITSIR,
sztabs-lekarz przy wojsku narodowém polskiem.

Antoni HŁUSZNIEWICZ,
poseł powiatu borysowskiego

Adam GUROWSKI,
ochotnik wojska narodowego polskiego

SEKRETARZ KOMITETU,

Waleryan PIETKIEWICZ,
poseł powiatu słuckiego, ochotnik wojska narodowego polskiego

PODSKARBI KOMITETU,

Karol Edward WODZIŃSKI,
ochotnik 1º pułku krakusow

Fait à Paris, ce 15 décembre 1831, à la séance de la réunion générale.

Valentin ZWIERKOWSKI, Marechal de la reunion generale. — Louis ZAMBRZYCKI, assesseur. — Wladimir KORMANSKI, assesseur. — Charles-Édouard WODZINSKI, secretaire.

PRÉSIDENT DU COMITÉ PERMANENT,

Joachim LELEWEL,
nonce de Podlachie à la diéte de Pologne.

MEMBRES DU COMITÉ,

Valentin ZWIERKOWSKI,
député de Varsovie à la diéte, major de la garde nationale a cheval et des krakus, secrétaire de la diéte.

Léonard CHODZKO,
grenadier de la garde nationale polonaise, capitaine aide-de-camp du general Lafayette.

Romain SOLTYK,
nonce de Sandomir à la diéte, général de brigade de l'artillerie polonaise.

Thadé KREMPOWIECKI,
lieutenant de l'artillerie a cheval polonaise.

Antoine PRZECISZEWSKI,
lieutenant-colonel des lanciers de Posen, nonce de Lithuanie a la diéte

Charles KRAITSIR,
chirurgien-major au service de l'armee nationale polonaise

Antoine HLUSZNIEWICZ,
nonce de Lithuanie à la diéte.

Adam GUROWSKI,
soldat-volontaire à l'armée nationale polonaise.

SECRÉTAIRE DU COMITÉ,

Valérien PIETKIEWICZ,
nonce de Lithuanie à la diéte, soldat-volontaire à l'armee nationale polonaise.

TRÉSORIER DU COMITÉ,

Charles-Édouard WODZINSKI,
soldat-volontaire du 1er regiment des krakus